CB024433

Dados de Catalogação na Publicação (CIP) Internacional
(Câmara Brasileira do Livro, SP, Brasil)

L967c	Luccas, George Carchedi. Como enfrentar as varizes / George Carchedi Luccas. -- São Paulo : Ícone ; Campinas, SP : Editora da Universidade Estadual de Campinas, 1988. (Coleção como enfrentar) ISBN 85-274-0042-1 1. Varizes I. Título. II. Série.
88-0339	CDD-616.143 -616.14306 NLM-WG 620

Índices para catálogo sistemático:

1. Varizes : Doenças : Medicina 616.143
2. Varizes : Tratamento : Medicina 616.14306
3. Veias varicosas : Doenças : Medicina 616.143

COMO ENFRENTAR
AS VARIZES

Ícone Editora Ltda.
Rua Anhangüera, 66
Fones: (011) 826-8849/826-7074
01135 – S. Paulo

EDITORA DA UNICAMP

Obra em co-edição com a
EDITORA DA UNIVERSIDADE ESTADUAL DE CAMPINAS (UNICAMP)
Reitor: Paulo Renato Costa Souza
Coordenador Geral da Universidade: Carlos Vogt

CONSELHO EDITORIAL
Aécio Pereira Chagas, Alfredo Miguel Ozorio de Almeida, Attílio José Giarola, Aryon Dall'Igna Rodrigues (Presidente), Eduardo Roberto Junqueira Guimarães, Humberto de Araújo Rangel, Jayme Antunes Maciel Junior, Michael MacDonald Hall, Ubiratan D'Ambrosio.

Diretor Executivo:
Eduardo Roberto Junqueira Guimarães

Rua Cecílio Feltrin, 253
Cidade Universitária — Barão Geraldo
Fone: (0192) 39-1301 (ramais 2585 e 3412)
13.083 — Campinas — SP

George Carchedi Luccas

COMO ENFRENTAR AS VARIZES

2ª EDIÇÃO

Copyright © George Carchedi Luccas

1ª edição 1988
2ª Edição 1993

Coleção: Como enfrentar...

Seleção: Veredas Editorial

Capa: DellaMonica

Revisão: Niuza Maria Gonçalves

Arte: Olga A. Bonifácio

Produção: Wagner Veneziani Costa

Todos os direitos reservados
Proibida a reprodução total ou parcial
ÍCONE EDITORA LTDA.
Rua Anhangüera, 56/66
CEP 01135 — Barra Funda
Fones: (011) 826-8849 / 826-7074
São Paulo — SP — Brasil

O conhecimento da doença e sua desmistifica-
ção é de importância capital para o auxílio no
seu tratamento e na sua prevenção.

QUEM É GEORGE CARCHEDI LUCCAS

GEORGE CARCHEDI LUCCAS é professor-assistente da disciplina Moléstias Vasculares Periféricas, do Departamento de Cirurgia da Faculdade de Ciências Médicas da Unicamp e membro titular do Colégio Brasileiro de Cirurgiões. Formou-se pela Faculdade de Medicina da Universidade de São Paulo em 1970 e especializou-se em cirurgia vascular no Hospital das Clínicas da Faculdade de Medicina da USP, com Mestrado e Doutorado na área de clínica cirúrgica, pela mesma universidade, respectivamente em 1978 e 1985.

SUMÁRIO

OS MITOS 13
O QUE SÃO AS VARIZES 17
    A circulação normal....................19
    Doenças nas veias dos membros inferiores .22
    Causas e tipos de varizes...............26
    Complicações das varizes . :............31
SINTOMAS....................................33
COMO PREVENIR AS VARIZES...............39
O QUE FAZER...............................43
    Tratamento das varizes primárias 45
    Tratamento das complicações das varizes ...53
PALAVRAS FINAIS 57
TIRE SUAS DÚVIDAS 61

OS MITOS

As varizes dos membros inferiores constituem doença freqüente na população, sendo cercada por desinformações e crenças quanto às causas de seu aparecimento, aos sintomas que provoca, assim como em relação aos métodos de tratamento e prevenção.

A habitual busca de explicações para os diferentes fenômenos que ocorrem no corpo humano leva, no caso das varizes, a relacioná-las a diversos fatores, como a utilização freqüente de escadas, o uso de calçados com salto alto, a necessidade de carregar pesos, a ocorrência de pequenos traumatismos, as depilações com cera quente etc. Na verdade, a presença de varizes pode ser cientificamente relacionada apenas à predisposição do indivíduo de apresentar a parede das veias superficiais mais fracas, associada ao desencadeamento provocado pelo fato de nós, seres humanos, adotarmos a posição ereta.

Outro mito é a atribuição de diagnóstico errôneo

às pessoas que não sofrem de problema circulatório, apresentando aspecto normal das extremidades inferiores, mas que por se queixarem de dores nas pernas passam a ser consideradas portadoras das assim chamadas "varizes internas". Como veremos nos capítulos seguintes, as varizes internas não existem, sendo este nome, por definição, incorreto.

A crendice atinge maior grau nos casos avançados e complexos de varizes em que os pacientes chegam a apresentar feridas nas pernas. Estas feridas podem, se não cuidadas adequadamente, permanecer abertas por longo tempo e, como ocorre saída de secreções, pessoas menos esclarecidas atribuem a perda destes líquidos como necessidade de expulsar maus fluidos do corpo, chegando a imaginar perigo à vida a obtenção de cicatrização dessas lesões.

O objetivo deste livro é desmistificar os conceitos sobre varizes. Acreditamos que as pessoas poderão cuidar melhor de sua saúde se aprenderem como as doenças ocorrem em seu corpo, podendo também auxiliar na aplicação de medidas de prevenção e no controle e tratamento da doença já estabelecida.

Procuraremos então comentar os mais variados aspectos relativos às varizes, incluindo sua definição, explicações sobre circulação normal e doente, quais as causas que levam ao seu aparecimento, quais os sintomas que podem provocar, e principalmente como enfrentar o problema, desde as situações mais simples até as complicações importantes.

O QUE SÃO AS VARIZES

Varizes correspondem a dilatação, ou seja, a aumento de calibre das veias superficiais, que também ficam alongadas e tortuosas. Nessa condição, as veias deixam de cumprir sua função, que é servir como via de transporte do sangue no sentido dos pés para o coração. Como veremos na discussão sobre circulação normal e doente, quando as veias superficiais se dilatam e estamos em pé, o sangue volta nas varizes no sentido do coração para os pés. Como as varizes correspondem a dilatações permanentes de veias superficiais, elas são facilmente visíveis ou sentidas pela palpação.

A circulação normal

Na circulação normal, o sangue sai do coração indo para todo o corpo pelos tubos chamados de artérias, sendo o coração uma máquina constituída por músculos muito fortes que bombeiam o sangue com grande pressão. Essas artérias vão-se ramificando, tornando-se cada vez mais finas até que atinjam a espessura de um fio de cabelo, quando passam a ser chamadas de capilares. O sangue nas artérias transporta oxigênio e alimentos para todas as partes do organismo. A seguir, os capilares vão-se reunindo e formando pequenas vênulas, até formarem tubos progressivamente mais calibrosos chamados veias, responsáveis pelo retorno do sangue "sujo" ao coração, que recebe a seguir oxigênio nos pulmões.

As veias que constituem o sistema responsável pelo retorno de sangue dos membros inferiores são basicamente de dois tipos: as profundas e as superficiais. As veias profundas, também chamadas internas, são as mais importantes, sendo que cerca de 90% do sangue volta por elas. Estão localizadas na parte mais central das pernas, envolvidas pelos músculos e pela capa protetora desses músculos, chamada aponeurose, que é muito forte. As veias superficiais estão situadas próximas à pele, e parte delas é normalmente visível. Completando a anatomia normal, temos as veias perfurantes que fazem a comunicação do sistema superficial com o profundo; são veias pequenas, curtas, que atravessam a aponeurose muscular, com o sangue se dirigindo normalmente do sistema superficial para o profundo (Figura 1).

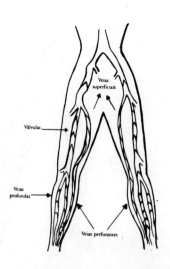

Fig. 1A

Quando estamos deitados e principalmente com as pernas para o alto (acima do nível do coração) o sangue volta facilmente pelas veias. Quando estamos sentados ou em pé, o sangue tem dificuldade para retornar ao coração devido à ação da gravidade. A natureza criou dois mecanismos para ajudar a resolver este problema. O primeiro são as dezenas de válvulas que as veias possuem (figura 2), que deixam o sangue passar em direção ao coração, mas não deixam o sangue voltar para os pés. O segundo mecanismo são os músculos das pernas que, quando caminhamos corretamente, funcionam como uma verdadeira máquina, bombeando o sangue das veias em direção ao coração.

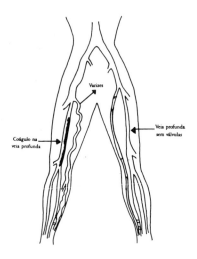

Fig. 1B

Doenças nas veias dos membros inferiores

Duas doenças podem ocorrer nas veias dos membros inferiores: a dilatação e o entupimento. A dilatação das veias superficiais, como já dissemos, é chamada de varizes (no capítulo seguinte vamos analisar os tipos de varizes e os motivos pelos quais elas aparecem). As veias profundas não têm como dilatar-se pois estão envolvidas pela musculatura e pela aponeurose, sendo pois incorreto o emprego do termo "varizes internas" para a doença das veias profundas. Estas basicamente podem ser acometidas pelo entupimento, sendo a doença chamada de flebite ou trombose, consistindo na presença de um coágulo (talho de sangue) dentro da veia, que impede a passagem de sangue.

Essa doença é muito séria, tanto pelo risco imediato de coágulos que, ao se desprenderem, podem ir para o pulmão, causando embolia pulmonar, como por problemas crônicos em função da dificuldade de retorno do sangue, pois, como já dissemos, as veias internas são responsáveis pela volta de cerca de 90% do sangue. Na maioria dos doentes com trombose, algum tempo depois da fase aguda, a veia profunda volta a se recanalizar e a permitir a passagem do sangue, porém suas válvulas deixam de funcionar e quando a pessoa está em pé ou sentada o sangue retorna em direção aos pés, provocando inchaço nas pernas. (Figuras 3 e 4).

Além do inchaço, ao longo dos anos de doença, a perna pode ficar mais escura na parte inferior, a pele torna-se mais endurecida, podendo ocorrer coceira (eczema) e até aparecer feridas perto do tornozelo. Essas feridas são de cicatrização muito difícil, principalmente enquanto a perna apresentar inchaço.

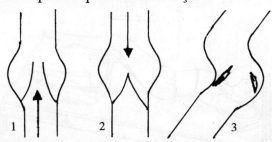

1. Válvula aberta permitindo a passagem do sangue em direção ao coração.

2. Válvula fechada impedindo o refluxo (volta) do sangue em direção aos pés.

3. Veia dilatada e tortuosa (variz) quando as válvulas não funcionam.

Fig. 2 - Esquema das válvulas das veias.

Fig. 3 - Posição que favorece o retorno do sangue: deitado com as pernas levantadas acima do nível do coração.

Fig. 4 - Posição que dificulta o retorno do sangue: em pé e parado.

Causas e tipos de varizes

Varizes primárias

A ocorrência de varizes em seres humanos é principalmente um preço pago por termos assumido a posição ereta, ao contrário dos animais que ficam apoiados em quatro patas. Pelo fato de passarmos dois terços do dia fora da cama, ou seja, em pé ou sentados, forma-se uma coluna alta de sangue que vai do coração até os pés, forçando as paredes das veias. Estas são finas e com consistência elástica, podendo tanto dilatar-se como contrair-se. Caso, por uma questão de tendência, muitas vezes comprovadamente familiar, essas veias tenham as paredes fracas ou suas válvulas não funcionem bem, a veia superficial passa a se dilatar e alongar-se progressivamente, tornando-se cada vez mais salientes e visíveis, constituindo, então, as varizes, também chamadas neste caso de varizes primárias.

a) Compensadas

Na fase inicial da doença, o sangue que desce em sentido inverso pelas varicosidades passa para as veias profundas, através das veias perfurantes (que descrevemos na parte referente à circulação normal), e daí segue para o coração. Nessa fase, o doente apresenta apenas as veias dilatadas e tortuosas, porém, sem qualquer conseqüência maior para o organismo, e chamamos as varizes primárias de compensadas.

b) Descompensadas

Com o passar dos anos, as ramificações das veias doentes também se vão dilatando, e as veias perfurantes sobrecarregadas ficam insuficientes, permitindo inclusive a passagem do sangue do sistema profundo para o superficial, levando ao aparecimento de sintomas e sinais mais ou menos importantes relativos a essa dificuldade de retorno do sangue, quando passamos a chamar as varizes primárias de descompensadas.

Dois fatores principais participam do agravamento do quadro de varizes. Um deles é o trabalho prolongado em pé e parado (balconista, ascensorista, cozinheira, cirurgião, caixa de banco, porteiro), pois já explicamos que a volta do sangue é fácil quando auxiliada pelo bombeamento da musculatura da "barriga da perna" durante a caminhada e dificultada quando ficamos em pé sem nos movimentarmos. O outro fator agravante de muita importância é a gravidez. Durante a gestação vários motivos levam ao aparecimento ou piora das varizes: o nível de hormônios aumenta, tornando as veias mais flácidas; ocorre aumento do volume de sangue, forçando a parede das veias; o ganho em peso corpóreo e aumento do abdome concorrem para a alteração da postura e do caminhar; o crescimento do útero comprime, na bacia e no abdome, aquelas veias que recebem o fluxo de sangue venoso das pernas, provocando assim represamento do sangue. A influência tão marcante da gravidez explica por que até os 20 anos de idade a incidência de varizes é igual no homem e na mulher, sendo que após os 30 anos a correspondência é de cerca de três mulheres para cada homem com varizes.

Além da profissão que obriga ao trabalho em pé parado e das gestações, também influem as situações que dificultam um caminhar e uma postura normal, como a obesidade e algumas alterações osteo-articulares (pé chato, problemas de joelho, de coluna etc.).

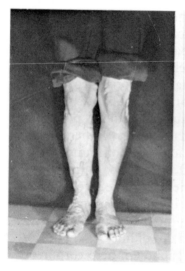
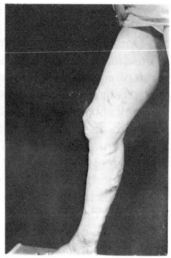

Varizes primárias

Varizes secundárias

Outro tipo de varizes são as chamadas varizes secundárias. São assim chamadas por decorrerem de uma causa bem definida que as provocou, isto é, são conseqüência de algum outro distúrbio. Por exemplo, a chamada fístula arteriovenosa é uma das causas, bem definida, do aparecimento de varizes e consiste em uma comunicação anormal entre a artéria e a veia antes dos capilares. Isso faz com que a grande pressão arterial se transmita diretamente sobre as veias, provocando a sua dilatação e a conseqüente formação de varizes.

Outra situação que leva a varizes secundárias é o entupimento (trombose) das veias profundas. Após a ocorrência deste episódio o sangue que percorria o encanamento principal passa a procurar vias colaterais de desvio e acaba, ao longo dos anos, dilatando o sistema superficial e provocando então as varizes. Essas varizes fazem parte de um quadro muito mais complexo, pois como o sistema profundo, responsável principal pelo retorno do sangue, está afetado, além das varizes ocorre ainda inchaço das pernas, escurecimento e endurecimento da pele na parte inferior da perna, causando coceira e até feridas.

Telangectasias — os "vasinhos": Cabe ainda comentar, nesta parte referente aos diferentes tipos de varizes, a presença muito comum de pequenas ramificações capilares, de coloração vermelha, mais visíveis em pessoas de pele clara, que são as *telangectasias,* conhecidas como "vasinhos". Os "vasinhos" estão relacionados apenas ao problema estético, não causando qualquer mal à saúde. Seu aparecimento está ligado a fator hereditário, sendo influenciados por estímulo hormonal, como por exemplo ocorre na gravidez e com o uso de pílula anticoncepcional.

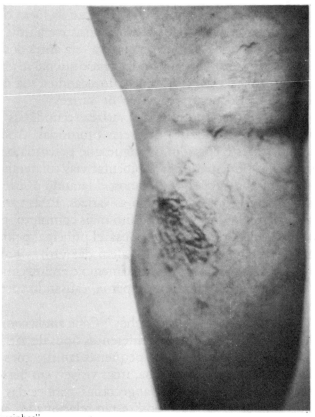

Os "vasinhos"

Complicações das varizes

Principalmente nos quadros mais avançados da doença, podem ocorrer algumas complicações que passaremos a descrever, deixando para a parte *tratamento das varizes primárias* as maneiras de contornar esses problemas.

Em pessoas com tendência alérgica, as varizes podem provocar alteração da pele na parte inferior das pernas, tipo escoriação, com saída de líquido aquoso, associada a forte coceira. Esta alteração é chamada eczema.

Ocasionalmente, o sangue que circula lentamente nas veias dilatadas e tortuosas pode vir a coagular, causando processo inflamatório agudo e constituindo um quadro de flebite superficial. A flebite que atinge as varizes, ou seja, as veias superficiais, costuma ter evolução benigna e autolimitada, pois raramente avança para o sistema profundo ou desprende coágulos para os pulmões. A área da flebite superficial é caracterizada por nódulo ou cordão endurecido, vermelho, quente e doloroso, acompanhando o trajeto de varizes já existentes. Não se deve confundir o processo inflamatório agudo da flebite com o de outra doença, a chamada erisipela, em que a perna também fica vermelha e quente.

A erisipela é um processo infeccioso provocado por bactérias, que afeta, geralmente, o pé e a perna de forma mais difusa, sem, contudo, seguir o trajeto das varizes. É acompanhada de íngua, indisposição geral e febre.

A flebite superficial serve, de certa maneira, como cura das varizes atingidas, pois, devido à obstrução provocada pelo coágulo, a veia fica entupida e o sangue deixa de ter refluxo nesta área. Após a fase aguda pode ocorrer pigmentação escura da pele no trajeto das varizes afetadas pela flebite.

Outra complicação mais ou menos séria é o sangramento provocado pelo rompimento de varizes, chamado de varicorragia. Tal rompimento pode acontecer espontaneamente ou após pequeno trauma. Como as varizes correspondem a veias dilatadas cujas válvulas não estão funcionando, forma-se uma coluna de sangue do coração até o pé sem a proteção valvular. Ocorrendo rompimento da veia, em geral no pé ou perto do tornozelo, o sangue "esguicha" com grande pressão (correspondente à altura da coluna líquida, do coração até o tornozelo) e, caso não sejam tomadas providências simples, que explicaremos na parte desta obra dedicada ao tratamento, o doente poderá perder muito sangue.

Finalmente, nos casos mais avançados pode ocorrer na parte inferior das pernas a ferida chamada úlcera varicosa. Essa úlcera pode permanecer aberta por longos períodos, se não forem tomados os cuidados para manter a higiene local, evitar o inchaço das pernas e combater a dilatação da rede venosa, que provoca estagnação de sangue na área da ferida. O sangue estagnado, mal oxigenado, pobre em nutrientes não poderá favorecer a reconstrução da área lesada e a cicatrização.

SINTOMAS

É muito difícil a análise dos sintomas provocados pelas varizes primárias. Vamos procurar transmitir a nossa impressão advinda do contato freqüente com centenas de portadores de varizes, apresentando desde os quadros mais simples até aqueles com presença de varizes calibrosas e extensas.

Em primeiro lugar devemos ter em mente que varizes é uma doença da meia-idade, época na qual podem estar presentes também outras doenças degenerativas, como reumatismo, lesões nervosas, alterações da coluna, doenças nas artérias etc. Caso o paciente possua qualquer uma dessas doenças e concomitantemente tenha varizes, existe uma tendência natural a incriminá-las pelos sintomas que apresentam, pois as outras afecções não são visíveis, ao contrário da aparência destacada que a presença de varizes provoca nas pernas.

Outro aspecto muito importante são as dores causadas por cansaço muscular. Esta é a causa mais comum de dores nas pernas e não está ligada a qualquer doença; porém, caso haja concomitância de varizes, estas serão consideradas as causadoras da dor. Costumamos inclusive comentar, embora com certo exagero, que só não sofrem com dores nas pernas devido à fadiga muscular as pessoas que nada fazem na vida, passando o dia inteiro deitadas, ou as que praticam esporte e ginástica rotineiramente, preparando a musculatura das pernas para suportar a atividade de trabalho. Mais séria é a situação de pessoas que, com dores nas pernas devido à fadiga muscular, e não tendo varizes, acabam recebendo o diagnóstico errôneo de "varizes internas", as quais, como já se disse, não existem. Essas pessoas ficam com esse estigma para toda a vida, julgando-se portadoras até de doença grave, quando o mais racional seria uma orientação para praticar ginástica diária, para controlar o peso corpóreo, atitudes que muito freqüentemente fariam desaparecer as dores nas pernas.

Outro sintoma que se procura freqüentemente relacionar às varizes são os episódios de cãibras. Estas correspondem a contraturas musculares involuntárias, bastante dolorosas, que não possuem mecanismo de aparecimento ainda bem esclarecido. Podem ocorrer, por exemplo, em alterações metabólicas (doença da paratireóide, uso de diuréticos), em mudanças bruscas de temperatura (contato com água fria em piscinas), por fadiga muscular (no atleta ao final de uma competição), por simples mudança de postura etc., não sendo especificamente provocadas pelas varizes.

Feito este preâmbulo, podemos analisar quais os sintomas propriamente ditos das varizes. As varizes podem provocar sensação de calor e queimação em seu trajeto, que piora no verão, ao fim de uma jornada de trabalho e, nas mulheres, no período menstrual. Mesmo assim são bastante contraditórias as queixas dos portadores de varizes. Encontramos pessoas com varizes extensas, calibrosas, sem absolutamente nenhum sintoma, ao passo que verificamos outras com pequenas varizes localizadas, ou mesmo apenas os "vasinhos", com queixas de dores terríveis. Tratam-se evidentemente de informações subjetivas. A preocupação com a evolução da doença ou com a estética influenciam e aumentam o mal-estar causado pela presença de varizes.

Além das queixas de dor, encontram-se também referências a inchaço nas pernas, especialmente nos quadros mais avançados, quando as veias perfurantes, que comunicam o sistema profundo com o superficial, passam também a ficar insuficientes, levando ao quadro chamado de varizes primárias descompensadas. O inchaço ocorre na parte inferior das pernas e pés ao final da jornada de trabalho ou quando se passa muito tempo em pé parado, desaparecendo por completo com o repouso noturno.

COMO PREVENIR AS VARIZES

Não é possível realizar a prevenção perfeita para o desenvolvimento de varizes, uma vez que passamos cerca de 2/3 do dia em posição que dificulta o retorno venoso (em pé ou sentados), causando aumento de pressão na parede das veias.

Até o momento, nenhum medicamento provou ser eficiente no sentido de reforçar a estrutura das veias, impedindo ao longo da vida sua dilatação em pessoas com tendência para tal fato.

A melhor maneira de prevenir o aparecimento das varizes é o uso de meias elásticas, pois formam uma capa protetora em torno das veias superficiais, à semelhança da aponeurose muscular que protege e evita a dilatação das veias profundas. As meias elásticas devem ser usadas durante todo o período em que se está fora da cama. Para as pessoas que não possuem varizes, é recomendado o uso de meias de suave compressão, porém às que já apresentam varizes indicam-se meias de média compressão para prevenir a progressão da doença.

É particularmente importante o uso de meias elásticas em situações de maior risco de desenvolvimento de varizes, como nas gestações e nos tipos de trabalho em que se permanece em pé ou parado por várias horas.

Além do uso de meias elásticas, é também recomendável a atividade física regular, como ginástica, caminhadas, manutenção da postura corporal correta, evitar excesso de peso corpóreo ou combater a obesidade quando já existente e sempre que possível descansar com as pernas elevadas.

O QUE FAZER

Tratamento das varizes primárias

O tratamento ou, em outras palavras, a forma de enfrentar o problema de varizes, não pode ser encarado de maneira padronizada para os mais variados graus da doença ou as formas como atinge cada indivíduo em particular. Podemos citar três tipos de condutas corretas a serem adotadas especificamente a cada paciente e em determinado momento de suas vidas, como: cirurgia, uso de meias elásticas ou, inclusive, simples observação. Estas três condutas são perfeitamente aceitas dependendo de cada caso, o que procuraremos melhor definir e exemplificar, a seguir.

Cirurgia

A cirurgia é a única maneira efetiva de se tratarem as varizes. As veias normais possuem parede elástica com.

capacidade de dilatar-se e contrair-se em função de uma série de fatores, como: temperatura ambiente, atividade física, posição do corpo, estado emocional etc.; porém, nas veias varicosas ocorre dilatação permanente, com destruição da estrutura normal da parede venosa. Nessa condição, a veia perde a capacidade de voltar ao calibre normal, e a única cura consiste na sua retirada.

Antes da cirurgia, com o paciente em pé, as veias doentes são marcadas em todo seu trajeto com tinta especial, que não sai no momento do preparo das extremidades inferiores para a operação. É fundamental esta marcação para servir como um guia para o cirurgião, pois com o paciente deitado na mesa cirúrgica as varizes não serão visíveis. A cirurgia é realizada através de inúmeros cortes escalonados sobre o trajeto previamente marcado, por onde as varizes são retiradas. Quando as veias perfurantes (que comunicam o sistema profundo com o superficial) estão insuficientes, promovendo refluxo de sangue para o sistema superficial, elas são amarradas com fio cirúrgico para resolver esta alteração da circulação normal. Estando indicadas, retiram-se também as veias safenas com o auxílio de um instrumento chamado fleboextrator.

Uma das grandes preocupações de quem vai se submeter a esta operação é se as veias retiradas não farão falta à circulação. Na cirurgia, como explicamos, são retiradas apenas as veias doentes, aquelas que estão provocando estagnação e refluxo do sangue; desta maneira, não só estas veias não farão falta, como ainda ocorrerá melhora da circulação.

Outra preocupação mais recente é com a retirada da chamada veia safena magna, que é a veia superficial mais importante. Durante muitos anos foi rotina a retirada da veia safena magna em cirurgia de varizes, sendo, inclusive, esta operação conhecida com o nome de safenectomia. Nas últimas décadas, a veia safena passou a assumir importância muito grande, pela possibilidade de ser utilizada como substituta de artérias doentes, aplicadas como pontes vasculares (pontes de safena), com indicação na substituição das artérias coronárias (artérias do coração), do segmento arterial fêmoro-poplíteo (artérias dos membros inferiores).

Esquema anatômico da veia safena magna

Desse modo, hoje em dia tem-se procurado poupar a veia safena em cirurgia de varizes, desde que essa veia não esteja doente, pois de nada adianta conservar no corpo uma veia dilatada, que não poderia ser utilizada em outra função, além de não corrigir a doença varicosa. Existem aparelhos baseados no ultra-som (Doppler), que podem detectar a presença ou não de doença na veia safena, permitindo avaliar antes da operação o estado dessa veia e a oportunidade de retirá-la ou poupá-la na cirurgia.

Outra questão que sempre preocupa os candidatos à cirurgia de varizes é a possibilidade de voltar a ter varizes, e assim de nada adianta a intervenção a que serão submetidos. Nesse sentido, alguns aspectos precisam ser lembrados. Primeiro é que a cirurgia de varizes é um procedimento muito trabalhoso e, caso o paciente possua muitas varizes, é possível que no ato cirúrgico não sejam retiradas todas as veias doentes. Não se tem, porém, com isso propriamente uma recidiva (volta) das varizes, mas varizes residuais do ato cirúrgico. O segundo aspecto é que em uma cirurgia completa, quando todas as veias varicosadas são ressecadas, elas não podem mais voltar, pois foram retiradas do corpo; porém, como o indivíduo continua sua vida normal, trabalhando em pé, e sua tendência hereditária de ter veias que se dilatam segue com ele por toda a vida, haverá chances de novas veias superficiais aumentarem de calibre e tornarem-se varicosadas. O risco de recidiva após uma cirurgia completa é por volta de 15%, sendo maior na mulher que após a operação ainda venha a engravidar.

Não existe idade-limite para a cirurgia; o que importa é a boa condição geral do paciente para enfrentar o ato cirúrgico-anestésico.

Procuraremos exemplificar algumas situações em que a cirurgia é a conduta mais indicada. O maior contingente de cirurgias corresponde às realizadas por motivos estéticos: cerca de 50% ou mais das pessoas que são operadas visam a melhora das condições de beleza de suas pernas. Com o avanço técnico da cirurgia, sendo possível praticá-la com cortes muito pequenos, sem necessidade de dar pontos na pele e, em casos iniciais, até com anestesia local, este objetivo é alcançado. Vale lembrar que além de obter melhora quanto à beleza, estas pessoas estão prevenindo-se quanto à progressão da doença, sendo operadas em uma fase em que a cirurgia é mais fácil.

Outra situação clara de indicação cirúrgica é representada pelos pacientes que possuem varizes primárias descompensadas. São doentes que apresentam queixa de dor ou queimação nas varizes, inchaço nas pernas, sendo a cirurgia um alívio para os seus sintomas. Está também, perfeitamente indicada a cirurgia nos casos que apresentarem complicações importantes, como episódios de sangramento ou aparecimento de úlceras varicosas. É conveniente estimular a operação nos pacientes mais jovens com varizes calibrosas e extensas, pelo risco de virem a apresentar estas complicações ao longo de suas vidas.

Finalmente lembramos que em nosso meio, infelizmente, pessoas com varizes são muitas vezes preteridas em empresas, durante exame médico admissional. Deve-se realizar a cirurgia para que esses indivíduos não percam a vaga almejada, embora seja uma indicação não muito consistente, pois pessoas com varizes primárias têm, de maneira geral, capacidade de trabalho semelhante a qualquer outro indivíduo.

Meia elástica

Como já dissemos, as veias profundas estão envolvidas pelos músculos e por sua aponeurose, que impedem sua dilatação e o conseqüente desenvolvimento de varizes. As veias superficiais estão situadas abaixo da pele e não têm esta proteção, podendo ao longo da vida, com a posição em pé, ir dilatando-se e formando as varizes. As meias elásticas têm função protetora, constituindo uma espécie de capa envolvendo as veias superficiais, assim como a aponeurose muscular envolve e protege as veias profundas.

As meias elásticas apresentam indicações muito claras em pessoas normais que possuam forte tendência hereditária, que trabalhem em pé, paradas ou, principalmente, durante a gravidez, no sentido de prevenir o aparecimento de varizes. Nesses casos são utilizadas meias elásticas de compressão suave. Outra situação é o seu uso em pacientes com varizes, que não querem ou não possam operar por apresentarem problemas que contraindiquem uma cirurgia. Nesse caso serão usadas com a função de aliviar os sintomas e impedir a progressão das alterações já existentes. Recomenda-se, aqui, o uso de meias elásticas de média compressão. Finalmente, pessoas que apresentaram complicações severas das varizes como hemorragias e úlceras e que após o tratamento dessas complicações não apresentaram condições para a cirurgia devem utilizar meias elásticas de alta compressão. Comentaremos, na parte final, o uso obrigatório de meias elásticas nos pacientes com varizes secundárias, ou seja, nos casos em que o sistema de veias internas está também afetado.

Cabe lembrar que as meias elásticas não curam as varizes; apenas protegem as pernas no sentido de prevenir o aparecimento de novas varizes ou de evitar o agravamento das já existentes, sendo de grande auxílio para as pessoas que se adaptam ao seu uso. A grande dificuldade com a utilização das meias elásticas é o fato de vivermos em um clima tropical, e muitas pessoas sentem grande desconforto com sua utilização.

Observação periódica

Comentamos que entre as condutas corretas para um paciente com varizes se inclui a conduta de nada fazer contra esse problema. Varizes é doença muito comum na população e encontramos inúmeras pessoas com varizes que não têm preocupação estética, não apresentam qualquer sintoma e não se adaptam ao uso de meias elásticas. Nessas condições, devemos apenas observá-las periodicamente, sem necessidade de tratamento específico.

Muitas vezes o que esses doentes precisam é de uma palavra de apoio e de informação para conhecer a doença que os afeta. Diversos doentes preocupam-se desnecessariamente com as varizes após ouvirem conversas com informações errôneas. Assim alguns leigos confundem as varizes com risco de trombose, gangrena e amputação da perna, situação esta que não ocorre na doença varicosa e sim no entupimento das artérias (tubos que levam o sangue do coração para as pernas), não havendo razão para temor. A doença das artérias ocorre com o depósito de gordura na parede arterial, associado principalmente a pressão alta, diabetes, cigarro e dieta gordurosa.

É importante que ofereçamos algumas palavras sobre medicamentos orais e pomadas. Existem no mercado inúmeros remédios para as varizes. O uso desses medicamentos está recomendado apenas para aliviar os sintomas, não devendo o paciente utilizá-los por toda a vida e, muito menos, ter a esperança de que estão sendo usados para curar ou impedir o aparecimento de varizes.

Finalmente, em relação ao tratamento, cabe lembrar uma técnica utilizada com muita freqüência antes do desenvolvimento da cirurgia. Consiste na aplicação de injeções nas veias, injeções compostas por substâncias irritantes, que vão esclerosar ou, como se diz, popularmente, "secar" as varizes. No caso de aplicação em veias dilatadas, pode-se provocar a formação de coágulo dentro das varizes, levando ao quadro de flebite superficial, o que muitas vezes acarreta escurecimento definitivo da pele nesta área.

Hoje em dia, esse tratamento está praticamente dirigido para esclerosar ("secar") os "vasinhos", correspondendo a uma série de sessões em que se aplicam injeções nas áreas das pernas afetadas por eles, controlando-se de maneira efetiva o problema estético.

Tratamento das complicações das varizes

Na eventualidade de ocorrer quadro de eczema associado às varizes, caracterizado por lesões da pele, do tipo escoriações e pela saída de secreção aquosa e coceira, o tratamento na fase aguda inclui repouso com as pernas elevadas por alguns dias, associado ao uso de medicamentos orais, soluções líquidas e cremes locais para combater essa complicação alérgica.

A flebite superficial, caracterizada pela presença de coágulo nas veias superficiais, costuma na grande maioria das vezes ter curso benigno, autolimitado, evoluindo para a cura espontânea em poucas semanas. Podem ser usados medicamentos antiinflamatórios e analgésicos para alívio dos sintomas, assim como o recurso de tratamento local, aplicando-se compressas quentes. De certa maneira, a flebite superficial atua, após o processo agudo, até como tratamento das varizes, como se "secasse" a veia, não havendo mais refluxo de sangue na área atingida, provocando, porém, em alguns doentes, endurecimento e escurecimento da pele para toda a vida.

A hemorragia por rompimento de varizes é facilmente contornada se o doente ou acompanhante lembrar que com as pernas para o alto, acima do nível do coração, cessa toda a pressão nas veias das pernas, estancando o sangramento. Deve-se, em seguida, colocar compressa de gaze limpa no local, enfaixar com atadura e manter repouso com as pernas elevadas até obter cicatrização.

A complicação que apresenta maior dificuldade para o tratamento é a úlcera varicosa. No caso de varizes primárias em que o sistema profundo funciona normalmente, essa dificuldade é menor; porém nos casos de varizes secundárias com lesão das veias internas, principais responsáveis pelo retorno do sangue, a ferida pode ficar aberta até muitos anos se não houver um tratamento bastante sério.

É importante destacar que a cicatrização de uma ferida ou de um corte ocorre naturalmente. Por exemplo, um corte profundo e extenso de uma cirurgia em que tudo correu bem cicatriza-se normalmente em uma semana, quando então podem-se tirar os pontos. Devemos lembrar que não é necessário nenhum remédio ou pomada para que aconteça a cicatrização.

O mesmo ocorre em relação às feridas provocadas por problemas de veias. A cicatrização acontece, caso o doente mantenha a ferida bem limpa, ou seja, sem infecção, e a perna sem inchaço. É necessário, porém, permanecer "24 horas por dia" em repouso, com as pernas para cima, durante muitos dias ou semanas. É freqüente ouvirmos histórias de pacientes cujas feridas nas pernas cicatrizaram quando foram obrigados a ficar na cama durante uma internação para cirurgia ou qualquer outro problema.

A grande dificuldade no tratamento de feridas é que poucas pessoas podem cumprir religiosamente, por longo tempo, esse tratamento de repouso absoluto, o que explica por que muitos sofrem com essas feridas por vários anos de suas vidas.

Para as pessoas que não podem fazer repouso absoluto, o melhor tratamento é a aplicação de uma bota de gelatina, conhecida como "Bota de Unna", que é aplicada com a perna totalmente desinchada, após a limpeza da ferida e repouso de um dia. Sendo de gelatina, a bota facilita a caminhada e o movimento dos músculos da perna, que funcionam como uma máquina bombeando o sangue. A bota é trocada em média uma vez por semana e, como ela impede o inchaço na perna, a ferida cicatriza-se mesmo com a pessoa andando e trabalhando.

A cicatrização não implica que a doença das veias tenha sido curada. Caso se trate de feridas provocadas por varizes primárias, é recomendável que o paciente seja submetido a cirurgia. Porém quando a doença se localiza nas veias profundas, não há previsão de sucesso com a realização de cirurgia, e o paciente deve usar, todos os dias, quando está em pé ou sentado, uma meia elástica forte. Essas meias devem ser confortáveis, como também o calçado que usa, devendo o paciente experimentar na loja com as pernas desinchadas e não utilizar uma meia usada recebida de presente ou comprada por parente ou amigo. Nestes casos o uso de meias elásticas de comprimento até o nível dos joelhos é suficiente.

Nos casos em que com apenas o exame clínico no consultório não se consegue diferenciar varizes primárias de secundárias, ou seja, não se consegue avaliar como está o sistema venoso profundo, é recomendável o exame com raio-X das veias profundas, com injeção de contraste nas veias, chamado de flebografia.

PALAVRAS FINAIS

Trata-se, como vimos, de tema muito vasto, com grande variação do quadro clínico: desde problemas simples, principalmente estéticos, até situações mais complexas.

Em relação às varizes, também se aplica o conceito clássico em medicina, segundo o qual não existem propriamente doenças e sim doentes, pois um mesmo quadro de varizes, ou seja, veias de mesmo calibre e ocupando a mesma extensão, mostrará tipos de comportamento distintos, produzirá sintomas próprios e exigirá tratamento diferenciado em dois indivíduos com estrutura corporal e emocional próprias.

O objetivo maior deste livro é permitir que os pacientes adquiram conhecimentos sobre sua doença, aprendendo a evitá-la, controlá-la e a colaborar no tratamento sempre com a ajuda de seu médico, que é quem deve analisar cada caso em especial, para definir junto ao paciente os caminhos a serem seguidos.

TIRE SUAS DÚVIDAS

1. Usar salto alto, carregar peso, fazer depilação com cera quente provocam varizes? 15.
2. O que é erroneamente considerado "varizes internas"? 22.
3. Qual é o caminho do sangue na circulação normal? 19.
4. Qual é a posição que facilita a circulação? 21.
5. Qual a característica de cada tipo de varizes? 26 a 30.
6. O que é flebite superficial? 31.
7. O que é varicorragia? 32.
8. Quais os sintomas de varizes? 35 a 37.
9. Quais as medidas de prevenção e controle de varizes? 41 e 42.
10. Em que consiste a cirurgia como tratamento de varizes? 45.
11. Depois de realizada a cirurgia, o indivíduo pode voltar a ter varizes? 48.
12. Qual a função das meias elásticas? 50.

13. Qual a outra conduta médica com relação às varizes? 51.
14. Qual é o tratamento para os "vasinhos"? 52.
15. O que fazer quanto às complicações das varizes? 53 a 55.